Jean G

Mandalas
bienestar

Ho'oponopono

Para liberarnos de lo que nos oprime

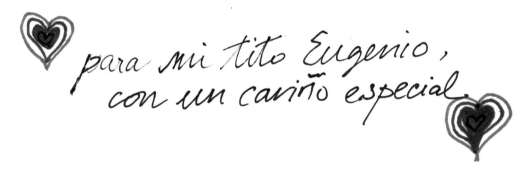

*para mi tito Eugenio,
con un cariño especial*

EDICIONES OBELISCO

verano 2020.

Si este libro le ha interesado y desea que le mantengamos informado
de nuestras publicaciones, escríbanos indicándonos qué temas son de su interés
(Astrología, Autoayuda, Ciencias Ocultas, Artes Marciales, Naturismo,
Espiritualidad, Tradición…) y gustosamente le complaceremos.

Puede consultar nuestro catálogo en www.edicionesobelisco.com

Colección Nueva conciencia
Mandalas bienestar: Ho'oponopono
Jean Graciet

1.ª edición: abril de 2017
2.ª edición: octubre de 2017

Título original: *Mandalas bien-être: Ho'oponopono*

Traducción: *Pilar Guerrero*
Maquetación: *Isabel Estrada*
Corrección: *Sara Moreno*

© 2015, Éditions Jouvence S. A.,
Chemin du Guillon 20, Case 143
CH-1233 Bernex, Suiza
www.editions-jouvence.com
(Reservados todos los derechos)
© 2017, Ediciones Obelisco, S. L.
(Reservados los derechos para la presente edición)

Edita: Ediciones Obelisco, S. L.
Collita, 23-25. Pol. Ind. Molí de la Bastida
08191 Rubí - Barcelona - España
Tel. 93 309 85 25 - Fax 93 309 85 23
E-mail: info@edicionesobelisco.com

ISBN: 978-84-9111-205-1
Depósito Legal: B-7.723-2017

Printed in Spain

Impreso en Gráficas 94, Hermanos Molina S. L.
Polígono Industrial Can Casablancas
c/ Garrotxa, nave 5 - 08192 Sant Quirze del Vallès (Barcelona)

Los mandalas del bienestar

Mandala es una palabra sánscrita que significa «círculo, centro, unidad, totalidad». Concretamente es un dibujo en forma de círculo con figuras diversas que se van repitiendo y que forman un conjunto armonioso, cada vez diferente y variado. Es como un caleidoscopio. Cada mandala es único, del mismo modo que cada uno de nosotros es único y diferente, del mismo modo que son distintos nuestros estados de ánimo.

En la tradición budista, el mandala es un soporte para visualizaciones, con el fin de concentrarse a través de la meditación y la contemplación del gran «todo» que nos rodea y al que estamos unidos y del que somos interdependientes. Es un momento para hacer el vacío dentro de nosotros, dejarse llevar por la armonía resultante sin buscar darle un sentido, sólo sumergirse sin querer comprender la simbología de las formas ni de los colores.

Tú también puedes convertirte en el actor de tu propia meditación y visualización sobre una temática bien precisa para dejarte impregnar, profundamente, de su sentido, a fin de que el hemisferio derecho de tu cerebro (el de la intuición) comparta también tu conocimiento.

¡Serás el actor de tu mandala!

Soltar lastre o los cuatro acuerdos toltecas (objeto de nuestros dos primeros mandalas bienestar) representan esta aproximación. Los conceptos son simples en su formulación, la tarea más ardua es su aplicación en la vida cotidiana, porque puede pasar que lo hayamos comprendido todo, pero que no seamos capaces de integrarlo en nuestro ser profundo y en nuestra consciencia de forma suave e intuitiva.

Ésta es la vía suave que proponemos:
- Lee la presentación del tema de tu «Mandala Bienestar».
- Instálate en un entorno que te resulte agradable y sereno; concédete momentos privilegiados de regreso a ti mismo.

- Escoge lápices o rotuladores de colores vivos y variados.
- Lee la invitación para ir más lejos del mandala trabajado.
- Empieza a colorearlo.
- Deja tu mano libre y tu sentido de la armonía y la belleza, con toda serenidad.
- La magia de esta antigua técnica hará el resto; tu sentido artístico transmitirá a tu cerebro el sentido del mensaje y te impregnarás de él.
- Tómate algunos momentos para contemplar tu obra en su globalidad.

Los antiguos iniciaron este camino, los mismos que vivían en la simplicidad y la sobriedad de medios materiales. ¿Por qué no lo íbamos a hacer nosotros? ¿Por qué no tú?

El regreso a la simplicidad y la calma en nuestro agitado mundo tecnológico es un medio de recordarnos que «la solución» está en nosotros y que depende de nosotros que sea accesible si le damos la oportunidad de revelarse, que puede integrarse en la vida cotidiana si nos impregnamos de ella para que forme parte de nosotros.

¡Que tu mano y tu creatividad compartan también tu bienestar!

El editor

Ho'oponopono, un camino hacia la consciencia

El Ho'oponopono está en el origen del ritual de perdón y reconciliación practicado en Hawái. Es una filosofía, un arte de vivir, una manera de vivir en paz. Se compone de dos palabras. Para empezar HO'O, que significa «causa» o «empezar una acción». Y PONO, que tiene muchos sentidos y que puede traducirse por «lo benevolente», «lo correcto», «lo justo», «estar en armonía, en equilibrio», «integridad», «perfección». Por otra parte, la palabra PONO es muy importante en la tradición hawaiana porque designa una persona justa, equilibrada, centrada, benévola, que vive con el perdón. Es fundamental ser «PONO».

«Cuando se es una persona equilibrada, buena, humilde, tranquila, que respeta y honra, entonces se es Pono».

En el término *Ho'oponopono*, la palabra *Pono* se repite dos veces para reforzar su sentido, de manera que el significado definitivo del término sería «volver a poner en orden» «corregir errores», «restablecer la paz».

Este ritual se practicaba en grupo, en el seno de la comunidad o de la familia, en el momento en que aparecían diferencias o cualquier tipo de problema relacional o de otra clase. Se practicaba bajo la supervisión de un sacerdote, un chamán o una persona de autoridad, digna de confianza y en presencia de todos los protagonistas. Esta reunión puede durar todo el tiempo que sea necesario, desde horas a días enteros.

El ritual comportaba tres fases. Para empezar, había un momento en el que cada cual exponía su visión del problema; después, un momento de silencio durante el que se podía meditar sobre lo que se había dicho; finalmente, un tiempo reservado a la oración. Luego se recomenzaba hasta que el perdón llegase e hiciese el resto, es decir, que fuera capaz de traer la paz a cada uno de los participantes y al conjunto del grupo. ¡Qué maravillosa filosofía de vida practicada por los hawaianos y transmitida oralmente, de generación en generación!

A finales de los años setenta, Morrnah Simeona, que era una chamana Kahuna lapa'au, es decir, maestra de plantas medicinales, decidió modernizar la práctica del Ho'oponopono, de manera que pudiera adaptarse mejor al mundo moderno occidental. Puso de manifiesto una nueva enseñanza: el cambio principal que introdujo en la práctica del Ho'oponopono fue que no había necesidad de un sacerdote ni de estar en presencia de otros protagonistas del problema, ni de nadie en general. De hecho, Morrnah imaginaba que el Ho'oponopono podía practicarse estando completamente solo y que el perdón podía concederse en soledad.

En sus enseñanzas, anunciaba algunos principios básicos:

Resumiendo, decía: «Somos el total de nuestras experiencias, lo que significa que estamos atormentados por la memoria de nuestro pasado. Cuando experimentamos estrés o miedo, si observamos atentamente, nos daremos cuenta que la causa es, de hecho, una memoria. Son las emociones ligadas a esos recuerdos las que nos afectan en la actualidad. El subconsciente asocia una acción o una persona del presente con un recuerdo del pasado. Cuando eso ocurre, las emociones se activan de nuevo y el estrés aparece».

Para Morrnah, la práctica del Ho'oponopono consiste en limpiar nuestra propia memoria porque todos nuestros miedos dejan poco espacio al amor y la paz. Por eso repetía esta frase que resumía la finalidad del Ho'oponopono:

«La paz empieza conmigo».

Pero Morrnah insistía, en sus enseñanzas, sobre el hecho de que el Ho'oponopono debería llevarnos, mediante la práctica continua y constante de limpieza de la memoria, a elevar nuestro espíritu y aportar la respuesta a la gran pregunta que la humanidad se hace desde la noche de los tiempos: «¿Quién soy?».

Decía: «El objetivo principal de este procedimiento es descubrir la divinidad en nosotros. El Ho'oponopono es un regalo lleno de profundidad que permite a cada cual desarrollar una relación de cooperación con la divinidad interior y aprender a pedir, en cada instante, que todos nuestros errores de pensamiento, palabra o acto, se transmuten y armonicen. El procedimiento busca, esencialmente, la libertad, la completa liberación del pasado». Así que, limpiar nuestras memorias es el medio para liberarse del peso del pasado a fin de conseguir la paz interior y descubrir la divinidad que está en nosotros.

Éste ha sido el resumen de la finalidad que Morrnah quiso dar a través de sus enseñanzas del Ho'oponopono hasta difundirlas por todo el mundo y a las cuales queremos mantenernos lo más fieles posible.

¿Qué son esas memorias y de dónde salen?

Los hawaianos dicen que las memorias provienen de los ancestros. La psicogenealogía, valorizada gracias a las observaciones y los trabajos de Anne Ancelin Schützenberger, así lo confirman, dado que ella ha podido demostrar que cada uno de nosotros es «víctima» de uno o varios antepasados y que las memorias atraviesan generaciones hasta llegar a nosotros.

Pero las memorias también pueden provenir del período intrauterino a partir de traumas emocionales vividos por los padres y, si dichas emociones han sido vividas dolorosamente, dejan una impronta en el subconsciente del bebé.

Las memorias pueden formarse en la más tierna infancia de cada ser humano porque, en dicho período, el niño demasiado pequeño conserva las emociones vividas para poderse expresar más adelante y, algunas de ellas, las conserva hasta la edad adulta.

Cada una de nuestras experiencias vitales deja, igualmente, recuerdos que pueden imprimirse en nosotros y llegar a convertirse en memorias, siempre y cuando la experiencia haya sido marcada o dolorosa.

Podemos buscar el origen de nuestras memorias en nuestras vidas anteriores, al menos para quienes crean en la reencarnación.

Como estamos viendo, el origen de las memorias puede provenir de fuentes bien diferentes, pero el denominador común es que actúan en nosotros como programaciones inconscientes que nos dirigen a nuestras espaldas.

Cómo actúan las memorias en nosotros

La práctica del Ho'oponopono consiste, pues, en limpiar dichos programas inconscientes o memorias, a fin de que podamos liberarnos de su impronta.

De manera inconsciente, nos guían, interfieren en nuestras decisiones, nuestras elecciones y, con ello, limitan o nos privan directamente de nuestro poder personal.

Son el «disco duro» de nuestro ego, constituyen, de alguna manera, los datos con los que el pensamiento procesará la información.

Practicar Ho'oponopono, esto es, «limpiar» las memorias, significa liberarnos de la impronta de un ego superpotente mediante un trabajo constante de desapego de las memorias, que nos llegan de manera continuada, confiando más en nuestro yo superior. Es esta parte de nosotros, en colaboración con la divinidad interior, la que hará el trabajo de «limpieza» de las memorias. No hay «buenas» ni «malas» memorias, sólo hay memorias, que nos privan de la libertad de elección y de la paz, que nos impiden ser nosotros mismos.

El doctor Hew Len, que trabajó con Morrnah, decía: «Vivir sin memoria significa ser libre. Somos absolutamente libres cuando ya no hay memorias. Y eso sólo es posible desde la libertad».

El doctor Ihaleakala Hew Len

El doctor Len era un psicólogo clínico que vivía en Hawái. Había seguido las enseñanzas de Morrnah Simeona sobre Ho'oponopono. Gracias a su empleo como responsable de un asilo psiquiátrico de la penitenciaría, cargo que ocupó varios años, se dio a conocer al mismo tiempo que aprendía Ho'oponopono. En efecto, con su práctica cotidiana del Ho'oponopono, la treintena de pacientes peligrosos presentes en el psiquiátrico se curaron en menos de cuatro años.

¿Cómo lo hacía el doctor Len? Se encerraba en su despacho y, delante de los dosieres de cada uno de sus pacientes, que no recibía en consulta, decía:

«No sé qué hay en mí que me hace experimentar esto. Estoy muy triste porque sé que soy responsable de ello al 100 por 100. Perdón, gracias, te quiero».

Y diciendo esto se dirigía a sus memorias, a su niño interior y a su divinidad interior.

«Limpiaba» incansablemente todas las memorias que tenía en relación a sus pacientes y, de este modo, conseguía un estado de «vacío» o «estado cero» (según sus propias palabras) que es un estado de paz interior total.

Concediéndose la paz interior mediante la limpieza constante de sus memorias, y aceptando la inspiración, los enfermos que trataba se fueron curando.

Las diferentes partes de nuestra identidad

Sea cual sea su origen, las memorias siempre se almacenan en el subconsciente, que es la primera parte de nuestra identidad y que los hawaianos llaman *Unhipili* o niño interior. El proceso de Ho'oponopono nos invita a pedir a esa parte de nosotros mismos a deshacernos de nuestros miedos, nuestras creencias y nuestras memorias del pasado. Esta parte necesita ser tranquilizada y ser amada.

Después está en consciente o *Uhane,* para los hawaianos. Esta parte representa el pensamiento, el intelecto, y es la que tiene el poder para decidir deshacerse de las memorias con humildad y confianza, es decir, tomar el control.

Además, está el supra consciente o Yo superior, *Aumakua* en hawaiano, que está en conexión directa con la divinidad interior. El yo superior está libre de memorias y es siempre UNO con la inteligencia divina. A él confiamos nuestras memorias para que las limpie.

Finalmente, está esa energía que podemos llamar Inteligencia Divina, Divinidad Interior o la Fuente, que está dentro de cada ser y que los une entre sí. Es la divinidad en mí la que «limpia» cuando se lo solicitamos.

La práctica del Ho'oponopono implica la participación completa de cada una de las partes, que trabajarán juntas como un solo organismo.

Cómo se practica el Ho'oponopono concretamente

Morrnah no empleaba mantra alguno porque decía que no le gustaba este procedimiento. Ella se mantuvo siempre fiel a la tradición y por eso recomendaba la oración para practicar el Ho'oponopono, que es realmente la base de esta práctica:

«Creador divino, padre, madre, hijos, todos uno…
si yo, mi familia, mis parientes y ancestros
hemos ofendido a tu familia, a tus padres o a tus ancestros con
el pensamiento, la palabra o la acción
desde el principio de la creación hasta el día de hoy,
te pedimos perdón…
Límpianos, purifícanos, libéranos de todas las
memorias, bloqueos, energías y vibraciones negativas
y transmuta esas energías indeseables en luz pura…
Que así sea».

Tras el testimonio del doctor Len, la práctica se simplificó con estas frases:

«Estoy triste por lo que está dentro de mí a punto de crear eso».
«Te pido perdón, y a los demás, a mis memorias y a mí mismo».
«Te doy las gracias».
«Quiero a todas mis memorias, a todas las partes de mí».

Y dichas frases se convirtieron, en el mundo occidental en:

«Lo siento».

Reconozco que son mis memorias las que se manifiestan de este modo exteriormente y me hago plenamente responsable al 100 por 100.

«Perdón».

Pidiendo perdón salgo de la dualidad, me convierto en UNO porque el prójimo es mi reflejo y no hay culpable ni víctima. Miro con otros ojos y pido perdón por los juicios que he hecho y me pido perdón a mí mismo por haberme dejado dirigir por mis programaciones inconscientes, que son mis memorias.

«Gracias».

Gracias a mis memorias por darme la oportunidad de limpiarlas, gracias a mi niño interior por desapegarse y gracias a mi yo superior y a mi divinidad por haberlas limpiado.

«Te quiero».

Porque el amor todo lo cura. El amor es la energía más poderosa y es con amor como las memorias se limpian. Diciendo «te quiero» nos dirigimos a todas las partes de nosotros mismos y a nuestras memorias.

Responsabilizarse por completo

La noción básica es, en todos los casos, responsabilizarse por completo de lo que nos pase. Después, tomar consciencia de que no hay nada a tener en cuenta en el exterior y que todo proviene de nuestro interior. Si veo un problema en el exterior, sabré que es, simplemente, una proyección de algo que está dentro de mí en forma de creencia, de memoria o de programa inconsciente, y que la solución no está fuera sino dentro de mí.

El Ho'oponopono nos invita a renunciar a buscar la culpabilidad fuera o dentro de nosotros porque, la culpabilidad, en sí misma, no existe más allá de la propia conciencia de víctima. En el momento en que aparece un problema, un accidente, una enfermedad, me hago responsable porque sé que son mis propias memorias las que lo han creado. Entonces tomo conciencia de que yo soy el creador de mi propia realidad física.

Salgo de mi rol de víctima, retomo mi libertad y recupero mi propio poder de elección, de decisión, de vida. Y hacerse responsable es una forma de perdón. Es el primer paso para perdonar.

Luego viene la **aceptación**. Aceptar es dejar de oponerse, de luchar, es justo lo contrario, es abrirse a la libertad y la paz. El hecho mismo de oponerse impide que la energía del amor circule y nos impide estar en paz. Aceptar es el inicio del desapego.

El desapego es deshacerse de todos los miedos, de las memorias del pasado para saborear la libertad y la paz.

Tras la aceptación, conviene dar gracias por lo que nos ha pasado, porque cada cosa que nos llega es un regalo.

Ser **agradecido** es estar mejor conectado con los demás, sentirse menos solo, más vivo, más próximo a la vida. Es un don ofrecido que desarrolla en nosotros el amor y purifica los corazones.

Agradecer es perdonar.

El perdón

El perdón está en el corazón del Ho'oponopono, pero es diferente del perdón habitual que nos limita y nos hace creer que estamos separados. El Ho'oponopono nos eleva a otro nivel, el de la unidad, allá donde no hay ni culpables ni víctimas. Nos hace pasar del mundo de las apariencias y las ilusiones al de la unidad, el que nos acerca a la Fuente.

El perdón nos libera de nuestros miedos, de las memorias del pasado, para conducirnos a la realidad donde impera el amor. Y, en dicha realidad, ya no hay nada que perdonar.

En resumen, el Ho'oponopono es bien sencillo

La paz comienza en mí y, desde el momento en que estoy en paz, mi entorno también la experimenta, ya sea en la familia, en la vida profesional y en todo lo que me rodea. La causa de cualquier problema exterior siempre se encuentra dentro de mí.

Las causas de dichos problemas son mis propias memorias del pasado, que se repiten incansablemente hasta el momento en que decido deshacerme de ellas y transformarlas en luz que se confunda con mi divinidad interior. A través de esta «limpieza» de memorias es como puedo conseguir el estado de «vacío» que representa el instante de conexión con la divinidad.

Es entonces, cuando no anhelo nada, cuando nada espero más allá de estar conectado a la Fuente, cuando la inspiración puede iluminar mi vida.

Mandalas
para colorear

" Asumo la plena responsabilidad
en mi forma de ver las cosas.

" Haciéndome responsable de todo
lo que pase en mi vida,
abandono mi papel de víctima
y recupero mi propio poder. "

"

Acepto todo lo que pasa en mi vida
porque todo lo que pasa proviene
de mis memorias.

"

" Estoy triste porque sé que es
una memoria la que ha creado esto
y no sabía que llevaba eso dentro de mí. "

" Me perdono a mí mismo por haberme
dejado llevar por mis memorias.

" Acepto lo que es porque todo es perfecto. "

"

Cuando acepto sin juzgar
me abro al amor y al perdón.

" No hay buenas ni malas memorias.
Me libero de todo apego
y de toda aversión para ser libre
y estar en paz. "

“ Limpiando mis memorias
descubro el ser de luz que soy. ”

" Pido perdón por las opiniones,
las interpretaciones, los juicios
que haya podido hacer de los demás
y de mí mismo. "

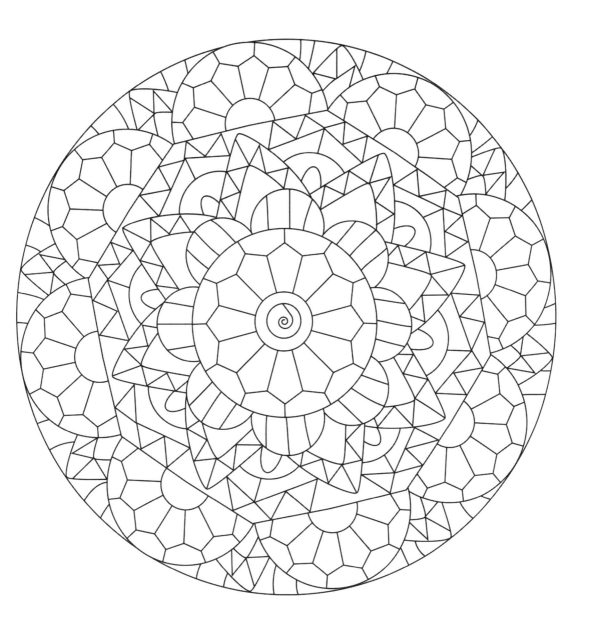

" La culpabilidad que veo en el prójimo
es el reflejo de mi propia culpabilidad.
Hoy, decido liberar toda traza
de culpabilidad de mi corazón
y de mi pensamiento. "

" Pido perdón a mi niño interior por haberlo
tenido abandonado tanto tiempo.
Decido amarlo aquí y ahora. "

" Me conecto y formo una Unidad con mi yo
superior: recuerdo de quién soy. "

" Perdonar es abandonar todo juicio
hacia los demás y hacia mí mismo.
Es la vía más directa hacia la paz
y la apertura de corazón.

“ Yo no soy mi cuerpo, sino un alma venida
a la tierra para vivir experiencias
en la materia. ”

" Doy carta blanca a mi alma
y le confío las riendas de mi vida.

"
Querido niño interior, te pido que confíes
todas las memorias a nuestro Yo Superior
y a nuestra Divinidad Interior
para que sean transmutadas en amor.
"

" Dar las gracias a todo
el que se me acerque es la mejor oración
que hay.

Gracias, gracias, gracias...
"

" Cuando practico Ho'oponopono,
ilumino mi camino. "

" Memorias, yo os quiero y os agradezco
por la oportunidad que me dais
para liberaros y liberarme. "

" No tengo expectativas y espero
la inspiración que viene
de mi divinidad interior. "

" Mi única expectativa es estar libre
de toda memoria y en paz.

"
El amor todo lo puede, todo lo cura.
Gracias al amor las memorias
del pasado se transmutan en luz pura. "

" Perdonar y amar sólo depende de mí.
Es una decisión que tomo
aquí y ahora. "

"

La relación más importante
es la que tengo conmigo mismo.

Hoy decido aceptarme tal como soy
y amarme.   "